"Du bad om att få växa, du bad om att få blomstra, du bad om framgång....
Bli inte förvånad när livet sätter dig på prov.
Framgång kommer genom att insistera, hålla ut, stå emot och aldrig ge upp."

# Hunger av Framgång

© 2023 **Nelo™ Media** | Division of **Nelo™ Group** registrerad som **Nelo LLC** | Skapad av **Nelo™**

# Hunger av Framgång
### En Praktisk Guide till Framgång i Affärer och i Livet

Upphovsrätt © 2023 **Nelo**

Alla rättigheter förbehållna.

Utgiven i USA av **Nelo™ Media**, en division inom **Nelo™ Group** registrerad som **Nelo LLC**.

**www.nelo.media**
**www.nelo.group**

Ingen del av denna publikation får reproduceras, lagras i eller införas i ett hämtningssystem, eller överföras i någon form eller på något sätt (elektroniskt, mekaniskt, fotokopiering, inspelning eller på annat sätt) utan tillstånd från utgivaren.

**Nelo™ Media**-böcker kan köpas för utbildnings-, affärs- eller säljfrämjande ändamål.
För mer information om försäljning eller kommersiell licensiering, vänligen kontakta oss via e-post:
**media@nelo.group**

Originaltitel: *Hunger of Success*

Katalogdata för publikationen har begärts från Library of Congress.

Paperback ISBN 9798340046871

TRYCKT I DE FÖRENADE STATERNA I AMERIKA

*Bokdesign av Nelo*
*Omslagsdesign av Nelo*
*Grafik av Nelo*
*Illustrerad av Nelo*

FÖRSTA UTGIVNINGEN augusti 2024

Kära läsare,

Detta litterära verk är helt originellt och opublicerat av författaren. I vår strävan att göra det tillgängligt för en global publik har vi använt oss av experimentell teknik som artificiell intelligens för att översätta texten till mer än 55 språk.

Tack vare dessa tekniska verktyg har vi lyckats övervinna språkliga och geografiska hinder, så att läsare av olika nationaliteter och kulturella bakgrunder kan ta del av detta verk på sitt modersmål.

Även om dessa verktyg gör det möjligt för oss att nå ut till en bredare läsekrets runt om i världen, finns det också en möjlighet att vissa stavfel eller grammatiska fel kan ha förbisetts. Vi strävar efter att ständigt förbättra våra översättningar och din feedback är mycket viktig för oss.

Om du hittar några fel eller har några kommentarer till texten är vi mycket tacksamma om du delar med dig av dem. Dina kommentarer är ovärderliga när det gäller att förbättra kvaliteten på våra publikationer. Vänligen skicka dina kommentarer till följande e-postadress:
**media@nelo.group**

Vi tackar för er förståelse och ert stöd. Vi hoppas att ni får nöje av att läsa detta enastående verk.

## DEDIKATION

Till mina döttrar,
**Samantha Valentina** och **Maria Valentina**
Jag älskar dem av hela mitt hjärta.

För mig,
**Mamma**
Som aldrig gav upp och aldrig slutade tro på mig.

# INNEHÅLL

*Tack och lov* .................................................................. i

**01** Introduktion ......................................................... 17

**02** Historien bakom framgången ............................ 21

**03** Att utveckla ett entreprenöriellt tankesätt ...... 29

**04** Självkännedom och självdisciplin ..................... 37

**05** Vikten av planering och strategi ....................... 43

**06** Kreativitet och innovation ................................. 51

**07** Finansiering för företagare ................................ 57

**08** Förvaltning av mänskliga resurser .................... 63

**09** Effektiv kommunikation för entreprenörer ..... 69

**10** Teknik och digital omvandling .......................... 77

**11** Vikten av affärsetik ............................................. 85

**12** Övervinna hinder och misslyckanden .............. 93

**13** Tips och rekommendationer ........................... 103

**14** Försäljning ......................................................... 111

*Slutsatser* ................................................................ 125

*Om författaren* ...................................................... 131

## ERKÄNNANDE

Till alla de människor som på ett eller annat sätt har funnits vid min sida och följt mig, lärt mig, väglett mig, korrigerat mig och fått fram det bästa i mig för att jag ska bli bättre varje dag i det här äventyret som kallas entreprenörskap.

Till alla... ¡Tack så mycket!

*"Om du inte hade kunnat göra det hade du aldrig fått den här möjligheten."*

# 01.
# INTRODUKTION

Välkommen till "Hungrig av Framgång: En Praktisk Guide till Framgång i Affärer och i Livet" (Hunger of Success: A Practical Guide to Success in Business and Life) Jag heter Nelo och jag är glad att få dela med mig av min historia och de lärdomar jag har dragit på min väg till framgång.

Mitt liv har inte alltid varit lätt. Faktum är att jag har mött många utmaningar och motgångar längs vägen, från en tidig ålder. Jag lärde mig att kämpa för det jag ville ha och att övervinna de hinder som kom i min väg.

Jag minns tydligt ögonblicket då jag bestämde mig för att bli entreprenör och starta mitt eget företag. Det var en dröm som jag hade haft länge, men jag visste att det inte skulle bli lätt. Jag var tvungen att arbeta hårt och ta risker, även när andra sa att det var galet. Men jag gav aldrig upp.

På min väg mot framgång har jag lärt mig många värdefulla saker. Behovet av att ha ett positivt och proaktivt tankesätt, att identifiera affärsmöjligheter och att övervinna rädslan för att misslyckas. Vikten av planering och strategi, kreativitet och innovation, ekonomisk och personalmässig förvaltning, effektiv kommunikation och affärsetik.

Men det kanske viktigaste jag har lärt mig är att hinder och motgångar är möjligheter att växa och bli bättre. Varje gång jag ställts inför en utmaning har jag lärt mig något nytt om mig själv och om hur man hanterar problem på ett effektivt sätt.

I den här boken delar jag med mig av min historia och de lärdomar jag har dragit på min väg mot framgång. Jag hoppas att denna praktiska guide ska bli en källa till inspiration och motivation för alla dem som vill nå och uppnå sina egna mål.

*"Det finns inga genvägar på vägen till storhet,
bara uthållighet och beslutsamhet."*

## 02.
## HISTORIEN BAKOM FRAMGÅNGEN

Min väg till framgång var inte lätt. Jag ställdes inför en rad utmaningar och hinder som hindrade mig från att gå vidare, t.ex. att bo på gatan, min fästmös död och min sons död, allt inom loppet av åtta månader. Vid den tidpunkten var jag på väg att ge upp, men sedan insåg jag att om jag ville uppnå min dröm måste jag övervinna alla dessa motgångar.

Jag förstod att framgång inte kommer över en natt. På min väg mot framgång har jag mött en rad misslyckanden och motgångar som tvingat mig att omvärdera mitt tillvägagångssätt och hitta nya sätt att tackla problem. Men varje gång jag föll reste jag mig upp starkare och mer beslutsam än tidigare.

I det här kapitlet vill jag dela med mig av de lärdomar jag drog på vägen mot framgång. Jag förstod att uthållighet, uthållighet och tålamod skulle vara nyckeln till att övervinna hinder och nå framgång. Jag förstod också att det är viktigt att ha en tydlig vision av vad man vill uppnå och att arbeta målmedvetet och engagerat för att nå dessa mål.

Men det kanske viktigaste jag lärt mig är att framgång inte bara handlar om att uppnå mål, utan också om att njuta av resan mot dem. Att uppskatta varje liten prestation och fira varje steg framåt. Jag förstod att framgång inte bara är ett mål att nå, utan också en väg att gå.

Jag kommer att dela min historia och de lärdomar jag absorberade på min väg till framgång. Jag hoppas att min berättelse kommer att inspirera och motivera dig. Och mina erfarenheter kommer att visa dig det:

Oavsett hur din nuvarande situation ser ut måste du bara resa dig upp och agera. Att möta hindren och övervinna dem för att nå dina mål.

Jag föddes i Colombia, i en stad som heter Yarumal, en traditionell antiokinesisk stad nära staden Medellín, men jag tillbringade större delen av min ungdom i en annan stad som heter Valdivia, i Bajo Cauca-regionen i Antioquia.

Mitt lands senaste historia har präglats av våld, och den här regionen är praktiskt taget gamla västern:
gerilla, paramilitär, droghandel, krig.

Så under min tonårstid var den fråga jag ställde mig själv mest, den fråga som hela tiden upprepade sig i mitt huvud:

¿**Vad ska det bli av mitt liv?**
¿Är det gerillan eller de paramilitära grupperna?

Och så var det tills huset köpte en TV, min första kontakt med teknik.

Jag var sju eller åtta år gammal och jag minns den första filmen jag såg som hette

**Wall Street**
Från 1987 med Michael Douglas och Charlie Sheen.

Och när jag såg den filmen exploderade mitt huvud. För det var en ny och helt okänd värld för mig. Och från det ögonblicket sa jag:

¡Jag vill vara det!
**Aktiemäklare**

Jag vill prata så här, klä mig så här, ha ett kontor så här, förhålla mig till människor så här och ha en livsstil så här.

Så från en mycket ung ålder började jag, på ett självlärt och empiriskt sätt, läsa en hel del finansiella böcker, ekonomi, aktiemarknader, matematik, för att förbereda mig för att bli aktiemäklare.

Till yrket är jag finansanalytiker och empirisk ekonom. Jag hade inte möjlighet att skaffa mig en högre utbildning på grund av bristande ekonomiska resurser. Men det var inte ett hinder, jag såg det mer som en möjlighet och en utmaning, att kunna kräva av mig själv att uppnå mina drömmar till varje pris.

Min historia är en historia om uthållighet och beslutsamhet. När jag bestämde mig för att bli entreprenör och starta ett eget företag var det många som sa att jag riskerade allt och att det var galet. Trots oddsen hade jag en tydlig vision och var villig att arbeta hårt för att få det att hända.

I mitt liv har jag ställts inför olika utmaningar, som de ovan nämnda, som fått mig att känna mig överväldigad och tillfällen då jag inte vetat hur jag ska gå vidare, men jag har kommit ihåg min vision och anledningen till att jag kämpar.

Jag lärde mig att för att nå framgång är det viktigt att ha en positiv och proaktiv inställning, att se problem som möjligheter och att vara kreativ och innovativ, att tänka utanför boxen och att leta efter unika lösningar på varje problem.

Jag har också lärt mig hur viktigt det är med planering och strategi. Det handlar inte bara om att ha en tydlig vision, utan också om att upprätta en solid och detaljerad plan för att förverkliga den. Det är viktigt att vara disciplinerad, organiserad och arbeta konsekvent och engagerat.

Kort sagt är min historia präglad av uthållighet, beslutsamhet och motståndskraft. Jag har lärt mig att värdesätta varje liten framgång och att fira varje steg framåt.

Jag hoppas att min berättelse kommer att inspirera och motivera dem som möter hinder på sin väg och visa dem att det är möjligt att övervinna dem för att nå den framgång de önskar.

*"Oavsett den rådande situationen är det bara att resa sig upp och agera."*

## 03.
## UTVECKLA ETT ENTREPRENÖRIELLT TANKESÄTT

Att utveckla ett entreprenöriellt tankesätt är avgörande för att nå framgång i affärer och i livet. I det här kapitlet kommer jag att dela med mig av mina erfarenheter och de lärdomar jag har dragit på min väg mot framgång.

För mig började utvecklingen av ett entreprenöriellt tankesätt med beslutsfattande. Jag ställdes ofta inför valet att söka och fortsätta med ett stabilt och tryggt jobb eller att ta en risk och starta eget. Med tiden lärde jag mig att lita på min kompetens och min förmåga att fatta smarta och modiga beslut.

En annan viktig aspekt av att utveckla ett entreprenöriellt tankesätt är förmågan att ta risker och möta rädslan för att misslyckas.

"Det är naturligt att vara rädd för att misslyckas, men det viktiga är hur vi bemöter den rädslan."

Jag lärde mig att misslyckanden bara är en möjlighet att lära sig och växa, och att varje misslyckande förde mig närmare mitt slutmål.

Uthållighet är också en nyckel till att utveckla ett entreprenöriellt tankesätt. Jag har mött många utmaningar och hinder längs vägen, men jag har alltid behållit min beslutsamhet och fokuserat på mina långsiktiga mål. Även i de svåraste stunderna har jag funnit styrkan att fortsätta och inte ge upp.

Slutligen är kreativitet och innovation avgörande för att utveckla ett entreprenöriellt tankesätt. Jag lärde mig att tänka utanför boxen och leta efter innovativa lösningar på problem som jag stötte på. Det gjorde att jag kunde sticka ut på en konkurrensutsatt marknad och alltid ligga ett steg före konkurrenterna.

Att utveckla ett entreprenöriellt tankesätt är grundläggande för att lyckas. Genom min erfarenhet har jag lärt mig hur viktigt det är att fatta modiga beslut, ta risker, hålla ut i svåra tider och söka innovativa lösningar. Jag hoppas att dessa lärdomar kommer att inspirera läsarna att utveckla sitt eget entreprenörstänkande och nå sina mål.

Om du vill lyckas som entreprenör är det viktigt att du har ett entreprenöriellt tankesätt.

¿Men vad exakt innebär det?

För mig innebär det att ha en proaktiv och positiv inställning till utmaningar, att vara innovativ och kreativ och att vara villig att ta kalkylerade risker.

Att utveckla ett entreprenöriellt tankesätt är inget som sker över en natt. Det kräver övning och uthållighet. Personligen fick jag arbeta hårt för att utveckla detta tankesätt. På min väg mot framgång var jag tvungen att övervinna många hinder och misslyckanden. Men varje gång jag stötte på ett hinder letade jag efter en lösning och fortsatte i stället för att ge upp.

En annan viktig sak för att utveckla ett entreprenöriellt tankesätt är att omge sig med likasinnade människor. Jag försöker alltid vara med människor som är passionerade, kreativa och villiga att ta risker. Dessa människor inspirerar mig inte bara, utan ger mig också det perspektiv och stöd jag behöver för att komma vidare.

I det här kapitlet kommer vi att utforska några av de viktigaste egenskaperna hos ett entreprenöriellt tankesätt och hur du kan odla dem.

Vi tittar på hur du kan anta ett tillväxtinriktat tankesätt, lära dig av dina misstag och alltid vara på jakt efter nya möjligheter. Vi kommer också att dela med oss av några praktiska tips som hjälper dig att utveckla ett starkt och motståndskraftigt entreprenörstänkande.

Kom ihåg att ett entreprenöriellt tankesätt inte bara är viktigt för att lyckas i affärer, utan också i livet. Genom att ha ett proaktivt och positivt tankesätt kommer du att kunna övervinna alla hinder och uppnå dina mest ambitiösa mål.

Likaså är det viktigt att lära sig att ta risker och gå utanför sin bekvämlighetszon. Ibland är det enda sättet att komma framåt att ta en risk och prova något nytt. Min erfarenhet är att varje gång jag tog en risk och gick utanför min bekvämlighetszon upplevde jag en betydande tillväxt i mitt företag och i mitt privatliv.

Naturligtvis är det också viktigt att lära sig att hantera misslyckanden. Som entreprenör är det oundvikligt att du kommer att möta misslyckanden och bakslag. Nyckeln är att inte låta misslyckanden stoppa dig. Istället måste du lära dig av dina misstag, justera ditt tillvägagångssätt och gå vidare.

En annan viktig aspekt av ett entreprenöriellt tankesätt är förmågan att tänka kreativt och innovativt. Ofta kommer de största genombrotten i näringslivet och i livet i allmänhet från att man tänker utanför boxen och hittar innovativa lösningar på vanliga problem.

Att utveckla ett entreprenöriellt tankesätt innebär kort sagt att vara proaktiv, ta risker, gå utanför komfortzonen, lära sig av misslyckanden och tänka kreativt och innovativt.

I det här kapitlet delar jag med mig av mina tips och strategier för att hjälpa dig att odla ett entreprenörstänkande och övervinna hinder på vägen till framgång.

*"Vänta inte på att möjligheter ska komma, skapa dem."*

## 04.
## SJÄLVKÄNNEDOM OCH SJÄLVDISCIPLIN

En av de viktigaste lärdomarna jag har dragit är den avgörande betydelsen av självkännedom och självdisciplin. För att uppnå dina mål måste du känna dig själv, identifiera dina styrkor och svagheter och sträva efter att förbättra dig varje dag.

I min erfarenhet har jag mött många utmaningar som har fått mig att reflektera över vem jag är som person, entreprenör och affärsman. Jag har lärt mig att vara ärlig med mina svagheter och att värdesätta och utveckla mina styrkor. Detta har gjort det möjligt för mig att sätta upp tydliga och realistiska mål för mig själv och mitt företag.

På samma sätt har jag lärt mig att framgång inte är en fråga om talang eller tur, utan också om självdisciplin och effektiva vanor. Jag har utvecklat dagliga rutiner och metoder som hjälper mig att hålla fokus på mina mål och bli mer produktiv, från att sätta upp ett dagligt schema till att meditera och motionera regelbundet.

I det här kapitlet delar jag med mig av mina erfarenheter och tips om hur man identifierar styrkor och svagheter, sätter upp personliga och yrkesmässiga mål och utvecklar effektiva vanor för att nå framgång. Jag hoppas att dessa tips kommer att vara till nytta för dem som vill förbättra sin självkännedom och självdisciplin på vägen mot framgång. ¡Låt oss göra det tillsammans!

Enligt min erfarenhet är självkännedom och självdisciplin grundläggande för att nå framgång i affärer och i livet i allmänhet. Att identifiera mina styrkor och svagheter har hjälpt mig att bättre förstå mina förmågor och begränsningar. Det har i sin tur gjort det möjligt för mig att ta tillvara mina talanger och arbeta på att förbättra mig inom de områden där jag har det svårast.

Att sätta upp tydliga och uppnåeliga personliga och yrkesmässiga mål har dessutom varit en nyckelfaktor för min framgång. Utan tydliga mål är det lätt att gå vilse i vardagen och tappa bort det som verkligen betyder något.

Men att ha en tydlig vision av vad jag vill uppnå och ständigt arbeta mot det har hållit mig motiverad och fokuserad på vägen mot framgång.

Jag har också lärt mig att det är viktigt att utveckla sunda och produktiva vanor för att upprätthålla ett entreprenöriellt tankesätt.

Under hela min karriär har jag infört en rad vanor och rutiner som hjälper mig att hålla fokus och vara produktiv.

Dessa vanor, från att gå upp tidigt och träna till att meditera och noggrant planera min dag, har gjort det möjligt för mig att arbeta mer effektivt och ändamålsenligt och har bidragit väsentligt till min framgång.

Till slut insåg jag att om jag ville nå mina mål och bli framgångsrik behövde jag bli mer disciplinerad och fokuserad. Jag började sätta upp specifika mål för varje dag, vecka och månad och utvecklade vanor som hjälpte mig att hålla mig på rätt spår.

Kom ihåg att framgång inte kommer över en natt; det tar tid, ansträngning och engagemang. Men om du känner dig själv väl och disciplinerar dig själv att följa din väg, kommer du att vara på rätt väg till framgång i affärer och i livet. ¡Fortsätt!

Självmedvetenhet och självdisciplin är grundläggande för att nå framgång inom alla områden i livet. Genom att identifiera dina styrkor och svagheter, sätta upp personliga och professionella mål och utveckla vanor för framgång kan du uppnå dina mål och övervinna utmaningar längs vägen.

Min erfarenhet har lärt mig att disciplin är nyckeln till långsiktig framgång. Det handlar inte bara om att arbeta hårt, det handlar om att ha ett strategiskt tillvägagångssätt och att engagera sig i sina mål dag ut och dag in.

Med ett tankesätt som fokuserar på självkännedom och självdisciplin är jag övertygad om att du kan uppnå allt du föresätter dig i livet och i affärslivet.

*"Om du säger:
Imorgon gör jag det...
Du har redan förlorat."*

## 05.
## VIKTEN AV PLANERING OCH STRATEGI

Planering och strategi är grundläggande för alla framgångsrika mål, satsningar och företag. Vikten av att ha en effektiv affärsplan, marknadsförings- och försäljningsstrategier samt utvecklingen av ett personligt varumärke. Jag hoppas att mina tips och erfarenheter kan hjälpa dig att skapa en effektiv strategi för att utveckla din vision.

I det här kapitlet delar jag med mig av mina erfarenheter och lärdomar om vikten av planering och strategi för ett framgångsrikt företag. Jag hoppas att min berättelse ska inspirera läsarna att utveckla effektiva affärsplaner och innovativa marknadsföringsstrategier samt att arbeta med sitt personliga varumärke för att sticka ut på en konkurrensutsatt marknad.

## - Utarbeta en effektiv affärsplan:

När jag startade mitt företag insåg jag snabbt att en gedigen affärsplan var avgörande för att det skulle bli framgångsrikt. Mitt första försök att göra en sådan var en katastrof. Jag hade ingen erfarenhet av att göra en sådan, så jag skrev helt enkelt ner mina idéer på papper utan någon ordning eller struktur.

Det var inte förrän jag anlitade en affärskonsult som jag lärde mig hur viktigt det är att ha en välstrukturerad plan.

En effektiv affärsplan bör innehålla följande aspekter:

**Uppdrag och vision:**
¿Vad är syftet och målet med ditt företag och vad hoppas du kunna uppnå med det?

**Marknadsanalys:**
¿Vilka är dina potentiella kunder? ¿Vilka är deras behov? ¿Vilka är dina konkurrenter?

**Marknadsföringsplan:**
¿Hur ska du marknadsföra din produkt eller tjänst? ¿Vad ska du ha för prisstrategi?

**Finansiell plan:**
¿Hur mycket pengar behöver du för att starta ditt företag? ¿Hur mycket förväntar du dig att tjäna under det första året? ¿Vilka är dina långsiktiga ekonomiska prognoser?

När du har en effektiv affärsplan ska du se till att granska och uppdatera den regelbundet så att den anpassas till företagets föränderliga behov.

**- Marknadsförings- och försäljningsstrategier:**

När du har en effektiv affärsplan behöver du en marknadsförings- och försäljningsstrategi för att nå ut till dina potentiella kunder. Jag har lärt mig att det inte bara handlar om att ha en bra idé, utan också om att veta hur man säljer den.

Här är några marknadsförings- och försäljningsstrategier som har varit effektiva för mitt företag:

**Identifiera din målgrupp:**
¿Vilka är dina potentiella kunder? ¿Vilka är deras behov och hur kan du tillgodose dessa behov?

**Skapa ett starkt varumärke:**
Ditt varumärke är den bild som kunderna har av ditt företag. Se till att det är konsekvent i allt ditt marknadsföringsmaterial och all din

kommunikation.

**Använd sociala medier:**
Sociala medier är ett kraftfullt verktyg för att nå dina potentiella kunder och hålla kontakten med dem.

**Det erbjuder kampanjer och rabatter:**
Ett specialerbjudande eller en rabatt kan vara skälet till att en potentiell kund väljer ditt företag framför ett annat.

**Utveckling av ett personligt varumärke:**
Förutom att ha ett varumärke för ditt företag är det viktigt att utveckla ett personligt varumärke. Ditt personliga varumärke är hur du presenterar dig själv för världen som individ och som entreprenör. Att lära sig att bygga och upprätthålla ett starkt personligt varumärke kan hjälpa dig att skapa meningsfulla kontakter med dina kunder och skilja dig från konkurrenterna.

Jag förstod också hur viktigt det är att ha en effektiv marknadsföringsstrategi för mitt företag. Jag lärde mig att marknadsföring inte bara handlar om att marknadsföra sin produkt eller tjänst, utan också om att skapa en kontakt med sina potentiella kunder.

Jag utvecklade innovativa marknadsföringsstrategier som hjälpte mig att sticka ut på en mättad marknad och locka kunder som letade efter något unikt och annorlunda.

Men det handlar inte bara om affärsplanering och strategi, det är också viktigt att utveckla ett starkt personligt varumärke.

Jag lärde mig att det sätt på vilket jag presenterar mig själv och mitt företag är avgörande för att skapa förtroende och trovärdighet hos mina kunder och affärspartners.

Jag arbetade med min personliga image, mitt kroppsspråk och mitt tal för att se till att mitt personliga varumärke återspeglade företagets värderingar och skilde mig från konkurrenterna.

*¡Med uthållighet, beständighet och tålamod!*
*Vi kan alla uppnå framgång i affärer och i livet.*

## 06.
## KREATIVITET OCH INNOVATION

I det här kapitlet kommer jag att dela med mig av mina erfarenheter och lärdomar om hur man kan utveckla dessa färdigheter i sitt affärsliv.

Kreativitet och innovation är viktiga färdigheter för alla entreprenörer som vill lyckas. Min erfarenhet har lärt mig att det inte räcker att följa marknadstrenderna, utan att det är nödvändigt att vara kreativ och leta efter nya sätt att skilja sig från konkurrenterna.

Vid en tidpunkt i min karriär insåg jag att mitt företag stagnerade och att jag behövde göra något annorlunda för att fortsätta växa. Det var då jag bestämde mig för att uppmuntra kreativitet och innovation i mitt team och vi började leta efter nya idéer och tillvägagångssätt för att förbättra våra produkter och tjänster.

Till en början kan det verka svårt att gå utanför sin komfortzon och ta till sig nya idéer, men det är viktigt att komma ihåg att innovation inte behöver vara komplicerat eller kostsamt. Ibland kan de enklaste idéerna vara de mest effektiva.

Dessutom är det nödvändigt att vara medveten om marknadsförändringar och anpassa sig till dem i rätt tid. Enligt min erfarenhet har jag sett många företag misslyckas helt enkelt för att de inte anpassar sig till förändringar på marknaden och hamnar på efterkälken. Därför är det viktigt att vara medveten om trender och förändringar och att vara beredd att anpassa sig och ändra sig om det behövs.

Kreativitet och innovation är viktiga färdigheter för alla framgångsrika företagare. Att lära sig att främja kreativitet, söka nya idéer och tillvägagångssätt och anpassa sig till förändringar på marknaden kan vara nyckeln till att förbli konkurrenskraftig och växa.

Innovation är grundläggande för ett framgångsrikt företag. För mig börjar det med kreativt tänkande och ett ständigt sökande efter nya sätt att lösa problem och förbättra produkter och tjänster.

## Jag undrar ofta:

"¿Hur kan vi sticka ut från konkurrenterna och erbjuda våra kunder något unikt?"

Jag främjar innovation varje dag genom att skapa en entreprenörskultur som värdesätter kreativitet och experimenterande. På min startup uppmuntrar jag mina kollegor att dela med sig av sina idéer och perspektiv, oavsett hur galna eller out-of-the-box de kan verka till en början. Det är viktigt att alla känner sig bekväma med att samarbeta som ett team för att hitta kreativa lösningar på de utmaningar vi står inför.

Det är viktigt att vara medveten om marknadsförändringar och branschtrender och att vara villig att anpassa sig och utvecklas i enlighet med dessa. Framgångsrika långsiktiga entreprenörer är inte rädda för att förändras och anpassa sig för att förbli relevanta.

Mitt team och jag har tillämpat dessa principer i vårt företag för att utveckla nya produkter och tjänster, och hur vi har lyckats sticka ut på en alltmer konkurrensutsatt marknad.

Jag hoppas att dessa lärdomar och erfarenheter kommer att inspirera dig att tänka utanför ramarna och uppmuntra till innovation i ditt eget företag.

Kreativitet och innovation är avgörande för att hålla sig relevant på en ständigt föränderlig marknad. Förmågan att tänka utanför ramarna och hitta innovativa lösningar på komplexa problem kan skilja ett företag från konkurrenterna.

Under hela min karriär har jag varit tvungen att anpassa mig till förändringar på marknaden vid ett flertal tillfällen. Ibland har dessa förändringar överraskat mig och lämnat mig utan någon tydlig riktning. Med tiden har jag dock lärt mig att innovation inte bara är viktigt, utan nödvändigt för att upprätthålla ett framgångsrikt och växande företag.

När ni går vidare i era karriärer och företag uppmuntrar jag er att tänka kreativt och alltid vara öppna för nya idéer och sätt att göra saker på.

"Kom ihåg att innovation inte handlar om att vara först med något, utan om att vara bäst på något."

*För det mesta kommer du att bli kallad galen för att du är innovativ, men....*
*"De galna är de som förändrar världen."*

## 07.
## FINANSIERING FÖR ENTREPRENÖRER

När det gäller att bli en framgångsrik entreprenör är en av de viktigaste, om inte den viktigaste saken att lära sig hur man hanterar sin ekonomi på ett effektivt sätt.

Det spelar ingen roll hur bra din affärsidé är eller hur passionerad du är, om du inte kan hantera dina pengar på rätt sätt kommer ditt företag inte att blomstra.

Själv minns jag att jag hade ekonomiska problem i mitt första företag. Jag hade ingen klar uppfattning om hur man hanterar företags- och privatekonomi, och jag hamnade i en situation där jag inte kunde betala mina räkningar och samtidigt hålla företaget flytande.

I det här kapitlet delar jag med mig av mina erfarenheter och insikter på vägen mot ekonomisk framgång. Jag hoppas att den här informationen ska hjälpa dig att undvika de misstag jag gjorde, hantera dina pengar mer effektivt och få den finansiering du behöver för att ta ditt företag till nästa nivå.

Det var en svår lektion, men den lärde mig hur man har en solid finansiell plan, från början lärde jag mig grunderna i redovisning och finans, till exempel hur man hanterar fakturor och lager, beräknar vinstmarginaler och budget.

Jag lärde mig också vikten av att föra detaljerade register över alla utgifter och inkomster och att ha en kassaflödesprognos för att planera och förebygga ekonomiska problem i framtiden.

En annan sak jag lärde mig var att skaffa finansiering till sitt företag. Vid ett tillfälle behövde jag ytterligare finansiering för att få mitt företag att växa, men jag visste inte hur jag skulle få det.

När jag gjorde efterforskningar hittade jag olika alternativ som banklån, privat finansiering och företagsacceleratorer. Jag såg till att noggrant undersöka varje alternativ och fatta välgrundade beslut om hur jag skulle finansiera mitt företag.

Men för att lyckas i sökandet efter finansiering lärde jag mig att det var nödvändigt att ha en solid och trovärdig affärsplan med tydliga mål, en klar strategi och en realistisk finansiell prognos.

Dessutom lärde jag mig att skilja på min privatekonomi och min företagsekonomi. Jag var tvungen att förstå att mitt företag inte var mitt personliga konto och att jag var tvungen att föra ett tydligt register över transaktioner och utgifter. Jag lärde mig också vikten av att ha en nödfond för både privat- och företagsekonomin för att vara förberedd på oförutsedda händelser.

En av de största utmaningarna jag stod inför som entreprenör var att lära mig att hantera min personliga ekonomi och företagets ekonomi på rätt sätt. Även om jag alltid varit försiktig med mina pengar upptäckte jag att ekonomisk förvaltning i ett företag är mycket mer komplicerat och kräver specialkunskaper.

Det är viktigt att ha en god förståelse för sin privatekonomi innan man ger sig ut i affärsvärlden. Genom åren har jag lärt mig att hålla noggrann koll på mina inkomster och utgifter och att upprätta en realistisk budget. På så sätt har jag kunnat få en klar uppfattning om mina resurser och hur jag ska investera dem i mitt företag.

När det gäller den ekonomiska förvaltningen av ett företag är det viktigt att förstå de grundläggande principerna för redovisning och finansiering. Från att förbereda finansiella rapporter till att hantera skatter är en solid förståelse för företagsekonomi nödvändig för att fatta välgrundade beslut.

Å andra sidan kan det vara en stor utmaning att få finansiering för ett företag. Under hela min karriär har jag utforskat olika finansieringsalternativ och lärt mig att presentera mina affärsidéer på ett effektivt sätt för att få det stöd jag behöver.

Efter att ha reflekterat och lärt mig av mina misstag vidtog jag åtgärder för att förbättra min affärs- och privatekonomi. Jag fokuserade på att lära mig grunderna i redovisning och finansiering och började använda verktyg och programvara för ekonomisk förvaltning för att övervaka mina inkomster och utgifter på ett effektivt sätt.

I takt med att min verksamhet växte och expanderade började jag också arbeta med ett team av revisorer och finansiella rådgivare för att säkerställa att min verksamhet fungerade effektivt och lönsamt.

Kom ihåg att effektiv ekonomisk förvaltning är avgörande för långsiktig affärsframgång.

*"Den som behåller när han har, äter när han vill."*

## 08.
## FÖRVALTNING AV MÄNSKLIGA RESURSER

Ett företags framgång beror till stor del på det team som ansvarar för att driva det. I det här kapitlet kommer vi därför att prata om personalfrågor och hur man bygger ett starkt team.

Effektiv rekrytering är nyckeln till att ha ett team som uppfyller företagets förväntningar och mål. Det är viktigt att tydligt definiera de färdigheter och kompetenser som eftersöks hos varje kandidat och att utforma en rigorös urvalsprocess för att utvärdera dem.

Men när du väl har utrustningen:

¿Hur får du det att fungera effektivt och samarbetsinriktat?

Det är här utvecklingen av ett starkt team kommer in i bilden. För att uppnå detta är det nödvändigt att främja öppen kommunikation och lagarbete, sätta upp tydliga mål och syften och se till att alla medlemmar är i linje med företagets vision.

Utöver detta är det viktigt att hantera produktiviteten och teamets motivation. Ett sätt att göra detta är att erbjuda möjligheter till professionell tillväxt och utveckling, inrätta system för erkännande och belöning av enastående prestationer samt skapa en arbetsmiljö som främjar medarbetarnas välbefinnande och tillfredsställelse.

Enligt min erfarenhet är det inte alltid lätt att bygga ett starkt team. Jag har varit tvungen att möta många utmaningar och lära mig av mina misstag för att kunna leda ett effektivt team. En av de viktigaste lärdomarna jag har dragit är att det är viktigt att vara tydlig med företagets förväntningar och mål samt att skapa en organisationskultur som främjar samarbete och teamwork.

Sammanfattningsvis är personaladministrationen nyckeln till framgång för alla företag.

Effektiv rekrytering, att utveckla ett starkt team, att hantera produktivitet och att motivera teamet är viktiga delar som varje entreprenör måste ta hänsyn till. Med rätt fokus och engagemang kan utmaningar övervinnas och ett team byggas upp som bidrar till företagets framgång.

Det är viktigt att komma ihåg att ett starkt team inte bara handlar om att välja de bästa kandidaterna, utan också om att främja en sund arbetsmiljö och ömsesidigt förtroende.

Teammedlemmarna ska känna sig uppskattade och erkända för sitt arbete och vara motiverade att arbeta tillsammans för att uppnå gemensamma mål.

Ett av de villkor för att uppmuntra kreativitet som jag beslutat att införa och som gör underverk är att varje person som bestämmer sig för att arbeta med mig måste anta en utmaning.

Utmaningen består i att du, efter tre månaders samarbete med oss, ska presentera ett innovativt projekt och börja utveckla det inom de närmaste sex månaderna.

Jag har märkt att genom att stödja deras idéer blir de motiverade att uppnå resultat.

Det är viktigt att lyssna på teammedlemmarna och ta hänsyn till deras idéer och åsikter. Dessutom är det viktigt att ge konstruktiv feedback och att erkänna bra arbete.

Slutligen måste vi som entreprenörer vara villiga att lära oss och ständigt förbättra vår personalhantering.

Vi måste vara öppna för nya angreppssätt och strategier och vara beredda att ta risker i vår strävan efter excellens.

Personalhantering är en grundläggande aspekt av ett företags framgång och måste behandlas med samma uppmärksamhet och engagemang som alla andra aspekter av verksamheten.

*"Anställ de engagerade, utbilda de skickliga."*

## 09.
## EFFEKTIV KOMMUNIKATION FÖR ENTREPRENÖRER

Kommunikation är en viktig färdighet för alla företagare. Det spelar ingen roll hur innovativ din produkt är eller hur imponerande din affärsstrategi är, om du inte kan kommunicera effektivt med dina kunder, partners, leverantörer och kollegor kommer ditt företag sannolikt att misslyckas.

I det här kapitlet vill jag dela med mig av min erfarenhet av effektiv kommunikation för entreprenörer och hur du kan utveckla denna färdighet för att lyckas i affärer.

Effektiv interpersonell kommunikation är grunden för alla affärsrelationer.

Som företagare måste du kunna förmedla dina idéer och tankar på ett tydligt och begripligt sätt.

Ofta beror ett företags framgång på kvaliteten på kommunikationen mellan teammedlemmarna.

Ett effektivt sätt att förbättra den interpersonella kommunikationen är genom aktivt lyssnande. Aktivt lyssnande innebär att man är uppmärksam på vad den andra personen säger och ställer relevanta frågor för att visa att man är intresserad av vad den andra personen säger. Det är viktigt att undvika avbrott och distraktioner för att få en tydligare och mer effektiv kommunikation.

En annan relevant färdighet är teamkommunikation och ledarskap. Som ledare är det avgörande att du kan inspirera och motivera ditt team att uppnå företagets mål. För att uppnå detta måste du vara en god kommunikatör och ha förmågan att förmedla din vision på ett tydligt och begripligt sätt.

Effektiv affärskommunikation är också viktigt. Detta innebär att man ska kunna presentera rapporter och presentationer på ett klart och koncist sätt och göra det med självförtroende och auktoritet.

Effektiv affärskommunikation innebär också förmågan att bygga upp och upprätthålla relationer med partners, leverantörer och kunder.

Min erfarenhet som entreprenör har lärt mig hur viktigt det är med effektiv kommunikation. Under de första åren av min karriär gjorde jag många misstag som kostade mig dyrt.

Sedan dess har jag arbetat med att förbättra mina kommunikationsfärdigheter genom övning och kontinuerlig utbildning.

Mitt råd till dig är att öva dig i aktivt lyssnande och utveckla förmågan att kommunicera med tydlighet och självförtroende.

Ta dig tid att förstå din målgrupp och anpassa din kommunikationsstil därefter. Det kommer att hjälpa dig att lyckas i ditt företag och bygga starka och varaktiga relationer.

Effektiv kommunikation är en av de viktigaste färdigheterna för alla företagare. Det är avgörande för att bygga starka och varaktiga relationer med kunder, leverantörer, anställda och andra teammedlemmar.

Under hela min karriär som entreprenör har jag lärt mig att kommunikation är nyckeln till framgång.

Effektiv mellanmänsklig kommunikation är grunden för alla mänskliga relationer. När det gäller att bygga relationer med kunder och leverantörer är det nödvändigt att vara tydlig, ärlig och transparent.

Jag försöker alltid kommunicera effektivt med mina kunder för att se till att de förstår vad jag erbjuder och hur jag kan hjälpa dem.

Enligt min erfarenhet har effektiv kommunikation varit nyckeln till att upprätthålla långvariga relationer med mina kunder och få värdefulla hänvisningar och rekommendationer.

När det gäller teamkommunikation och ledarskap har jag kommit fram till att nyckeln till ett starkt team är tydlig och direkt kommunikation.

Det innebär att man sätter upp tydliga mål och kommunicerar dem effektivt till hela teamet.

Det är också viktigt att se till att varje medlem förstår sin roll och sitt ansvar i teamet.

Enligt min erfarenhet har effektiv kommunikation varit nyckeln till att leda framgångsrika team och övervinna utmaningar och hinder.

Slutligen är affärskommunikation grundläggande för att ett företag ska lyckas.

Det är viktigt att på ett effektivt sätt kommunicera företagets vision och mission till alla medarbetare för att säkerställa att alla arbetar mot samma mål.

Det är också viktigt att kommunicera företagets värderingar och kultur för att kunna attrahera och behålla de bästa talangerna.

Enligt min erfarenhet har effektiv affärskommunikation varit nyckeln till att etablera ett starkt varumärke och attrahera kunder och medarbetare av hög kvalitet.

Kort sagt, effektiv kommunikation är avgörande för alla entreprenörer som vill nå framgång.

Oavsett om det gäller interpersonell kommunikation, team- och ledarskapskommunikation eller affärskommunikation är tydlig, ärlig och transparent kommunikation nyckeln till att etablera starka och varaktiga relationer, leda framgångsrika team och bygga ett starkt och framgångsrikt varumärke.

*"Den största risken i livet är att inte ta någon risk alls."*

## 10.
## TEKNIK OCH DIGITAL OMVANDLING

I det här kapitlet kommer jag att diskutera betydelsen av teknik och digital transformation i näringslivet och hur de kan vara nyckeln till framgång för företag idag.

Tekniska innovationer har revolutionerat företagens sätt att arbeta och öppnat upp för nya affärsmöjligheter.

Digital transformation innebär att digital teknik används inom alla delar av företaget, från personalhantering till försäljning och marknadsföring.

I min erfarenhet som entreprenör har jag själv sett hur införandet av digital teknik har varit nyckeln till framgång för mitt företag.

Istället för att motarbeta förändringar bestämde vi oss för att ta till oss dem och se dem som en möjlighet att förbättra vår effektivitet och lönsamhet.

Digital transformation kan hjälpa företag att optimera sina interna processer, förbättra samarbetet mellan avdelningar och medarbetare samt öka kundnöjdheten.

Dessutom kan användningen av digitala verktyg hjälpa företag att nå ut till en bredare publik och få verksamheten att växa.

Men det handlar inte bara om att implementera ny teknik i verksamheten. Det är viktigt att förstå hur dessa tekniker kan användas för att förbättra interna processer och kundinteraktioner.

Detta kräver ett strategiskt tillvägagångssätt och en väl utformad plan för att maximera potentialen i den digitala omvandlingen.

I mitt företag använder vi verktyg för dataanalys, t.ex. det neurala nätverket **SAM (System Algorithmic Monitoring)**, vars namn och akronym är en hyllning till min första dotter *Samantha*, som av en tillfällighet föddes på samma dag.

Jag minns den 20 september 2020 varje dag.

5 på morgonen, 5 dagar och 4 nätter utan sömn, för att försöka lösa en algoritmisk ekvation så att det neurala nätverket självständigt skulle kunna fatta beslut utifrån simuleringar och prognoser.

Jag som tryckte på *Enter* på mitt tangentbord för att köra algoritmen, *Stable* visas på skärmen. Och min fru gravid med vårt barn, ropar till mig att jag hade brutit vattnet, att vårt barn var på väg, så det var de 2 föddes på samma dag.

Vi använde **SAM** neurala nätverk för att förbättra vår förståelse av kundbeteende. Detta gjorde att vi kunde utveckla effektivare marknadsföringsstrategier och öka vår försäljning.

Vi har också implementerat verktyg för samarbete online för att förbättra effektiviteten i vårt team och för att kunna arbeta mer effektivt på distans.

Att införa digital transformation kan verka skrämmande till en början, men med rätt strategi och rätt stöd kan alla företag dra nytta av denna tekniska revolution.

Vi får inte glömma att tekniken fortsätter att utvecklas. Som entreprenörer måste vi vara öppna för förändringar och alltid leta efter sätt att förbättra och anpassa oss till nya trender.

Digital transformation är avgörande för alla företag som vill överleva och utvecklas idag. Det är inte bara viktigt att ta till sig ny teknik, utan också att förstå hur denna teknik kan användas för att förbättra interna processer, öka kundnöjdheten och få verksamheten att växa.

Som entreprenörer måste vi alltid vara på jakt efter nya möjligheter och trender i den digitala världen för att kunna vara innovativa och ledande inom vår sektor.

Under min karriär som entreprenör har jag alltid varit medveten om hur viktigt det är att ligga i teknikens framkant. Redan från början visste jag att teknisk innovation och digital transformation var nyckelfaktorer för alla företags framgång.

I det här kapitlet vill jag dela med mig av vad jag har lärt mig om teknik och digital transformation och hur du kan utnyttja dem för att ta ditt företag till nästa nivå.

Teknisk innovation är en kraftfull kraft som har förändrat vårt sätt att göra affärer.

I dag är de flesta företag beroende av teknik för att fungera, från att använda sociala medier för att nå potentiella kunder till att implementera betalningssystem online.

Tekniken är ett viktigt verktyg som gör det möjligt för oss att bedriva verksamheten mer effektivt.

Men tekniken stannar inte på ett ställe, den är i ständig förändring. Därför är det viktigt att vi som entreprenörer alltid är uppdaterade.

Digital transformation avser den ständiga utvecklingen av digital teknik och dess inverkan på affärsprocesser.

Det är en pågående och ständigt föränderlig process, och det är viktigt att entreprenörer ligger i framkant när det gäller dessa trender.

Digital transformation kan vara svårt att genomföra för vissa företag, men det kan göra skillnaden mellan framgång och misslyckande.

Företag som inte anpassar sig till tekniktrender riskerar att hamna på efterkälken och gå miste om affärsmöjligheter.

För att genomföra en framgångsrik digital transformation måste du vara beredd att göra betydande förändringar i hur du gör saker.

Dessutom är användningen av digitala verktyg avgörande för att lyckas med affärer idag.

De kan bidra till att automatisera processer, förbättra effektiviteten, öka produktiviteten och förbättra kommunikationen med kunderna.

Populära digitala verktyg är projektledningssystem, e-handelsplattformar, betalningssystem online, kundhanteringssystem och verktyg för automatisering av marknadsföring.

*"Var inte rädd för det okända, utan ha modet att utforska det."*

# 11.
# VIKTEN AV AFFÄRSETIK

Affärsetik är ett ofta förbisett ämne i världen, men för mig är det en av nycklarna till ett framgångsrikt långsiktigt företagande.

Redan från början visste jag att jag inte bara ville bygga upp ett framgångsrikt företag, utan att jag också ville göra det på ett etiskt och ansvarsfullt sätt.

I det här kapitlet vill jag dela med mig av hur jag integrerar affärsetik och socialt ansvar i alla delar av min verksamhet.

Affärsetik handlar inte bara om att göra det rätta, utan kan också ha en positiv inverkan på företagets rykte, kundlojalitet och förmåga att behålla medarbetare.

För mig är affärsetik och socialt ansvar en integrerad del av min affärsidentitet. Vi strävar alltid efter att göra det rätta, från valet av leverantörer till hur vi behandlar våra kollegor.

Som företagare har jag också ett personligt ansvar för att se till att min verksamhet bedrivs på ett etiskt och ansvarsfullt sätt.

Det är viktigt för mig att se till att mina affärsmässiga handlingar ligger i linje med mina personliga värderingar. Det är inte bara rätt sak att göra, utan det bygger också en solid grund för mitt företag på lång sikt.

Kunder och medarbetare vill arbeta med företag som bryr sig om att göra det rätta och som tar ett socialt ansvar.

Dessutom anser jag att affärsetik och socialt ansvar inte bara är ett alternativ, utan en skyldighet. Som entreprenörer har vi en betydande inverkan på våra samhällen och på världen i stort.

Vi måste ta ansvar för att se till att påverkan blir positiv. Affärsetik och socialt ansvar kan gynna ditt företag.

Det finns många konkreta fördelar med att göra det rätta, från ökad kundlojalitet till förbättrat rykte för ditt företag.

För mig handlar affärsetik också om att respektera mänskliga rättigheter och skydda miljön.

Även om det kanske inte alltid är lätt att fatta etiska beslut är det viktigt att komma ihåg att dessa beslut kan ha en bestående inverkan på företagets rykte och förmåga att attrahera och behålla kunder och talanger.

Socialt ansvar innebär å andra sidan att man som företagare ska vara medveten om vilken påverkan ens verksamhet har på samhället och miljön och arbeta för att minska den negativa påverkan.

Det kan till exempel handla om att införa hållbara metoder, delta i samhällsinitiativ och införa en policy för lika möjligheter för medarbetarna.

Genom att se till att våra affärsåtgärder är i linje med våra personliga värderingar kan vi säkerställa att vår verksamhet har ett syfte bortom vinst.

Dessutom kan detta hjälpa oss att attrahera kunder och medarbetare som delar våra värderingar och som är engagerade i vårt etiska och ansvarsfulla förhållningssätt.

Ett företags framgång är naturligtvis inte enbart beroende av affärsetik och socialt ansvar.

Jag har dock lärt mig att dessa aspekter är grundläggande för att bygga upp en framgångsrik och långsiktigt hållbar verksamhet.

Genom att integrera etik och socialt ansvar i alla affärsbeslut kan vi säkerställa att vi bygger en verksamhet som inte bara är lönsam, utan också meningsfull och har en positiv inverkan på världen.

Affärsetik är ett ämne som lätt kan förbises av många entreprenörer, särskilt när de fokuserar på den ekonomiska framgången för sitt företag.

Det är dock viktigt att komma ihåg att ett gott etiskt rykte är avgörande för att upprätthålla starka och varaktiga relationer med kunder, leverantörer, medarbetare och samhället i stort.

Min erfarenhet är att en stark affärsetik och ett starkt socialt ansvarstagande kan vara en viktig drivkraft för ett framgångsrikt företag.

Det är viktigt att företagen fattar etiska och ansvarsfulla beslut inom alla områden, från produktion och distribution till relationer med medarbetare och samhälle.

För att bygga ett starkt och sammanhängande personligt varumärke är det viktigt att se till att dina affärshandlingar ligger i linje med dina personliga värderingar.

Som företagare bör du alltid komma ihåg att ditt företag är en förlängning av dig själv och därför bör återspegla dina värderingar och din etik.

Dessutom kan affärsetik också ha en positiv inverkan på företagets långsiktiga ekonomiska framgång.

Dagens kunder och konsumenter är alltmer intresserade av att göra affärer med företag som bryr sig om miljö, social rättvisa och hållbarhet.

Genom att använda etiska och hållbara affärsmetoder gör du inte bara rätt sak, du bygger också en solid grund för framtida ekonomisk framgång för ditt företag.

*"Låt dina handlingar tala högre än dina ord."*

# 12.
# ÖVERVINNA HINDER OCH MISSLYCKANDEN

Under hela min karriär som entreprenör har jag mött många hinder och misslyckanden. Men i stället för att bli avskräckt har jag lärt mig att se varje utmaning som en möjlighet att växa och bli bättre.

Ett av de största hindren jag mötte var när jag bestämde mig för att bo i Medellín. Vid den tiden hade jag inget jobb och bodde med mina föräldrar i staden Apartado i Antioquia. Jag minns att jag inte hade mer än 4 USD, en resväska med ett par skjortor och ett par jeans.

Den dag jag reste till Medellín, Antioquia, gjorde jag det med bil, på den tiden var det en djävulskt lång resa på nästan 15 timmar, en vän som körde lastbil gav mig skjuts.

Jag började omedelbart arbeta som kock på en restaurang med orientalisk mat. Dagen för intervjun var samma dag som jag anlände till Medellín, Antioquia.

Och tyvärr var det enda par skor jag hade skadade, sulorna lossnade. Så jag fick improvisera och limma ihop dem igen och låtsas som ingenting. Det var faktiskt lite komiskt att gå på anställningsintervju med trasiga skor.

Det var min första dag i Medellín, Antioquia, och eftersom jag inte hade något annat val var jag tvungen att bo på gatan medan jag skrapade ihop pengar för att hyra ett rum på ett pensionat.

Jag lärde mig så mycket på det jobbet om hur man tillagar mat och hur ett företag fungerar, det var ett mycket slitsamt jobb. Jag var vaken från kl. 04.00 till 23.00. Det jag minns bäst från den tiden är att jag var tvungen att bada i badrummen i de köpcentrum där restaurangen hade franchise.

Min närmaste chef frågade mig alltid varför jag bar på resväskan. Jag sa att det var mina träningskläder, men det var för att jag inte hade någonstans att förvara dem.

Efter att ha lagt ner all min tid och kraft på det här arbetet i 6 månader insåg jag att jag inte fick de resultat jag hade hoppats på. Jag kände mig besegrad och modfälld, men jag visste att jag var tvungen att fortsätta.

Jag lärde mig att utan risk finns det ingen lycka. Den erfarenheten hjälpte mig att förbättra min nästa satsning.

Ett annat hinder som präglade mitt liv var några månader senare, när jag hade ett mer stabilt jobb som analytiker på en av de största bankerna i Colombia.

Det var när jag förlorade min fästmö i en trafikolycka och samma år, med min nuvarande fru, förlorade ett barn på väg. Jag blev så deprimerad att jag nästan miste livet, och det var inte lätt att återhämta sig från den händelsen.

När man förlorar någon känns det som om världen rasar samman för ens fötter och man förlorar meningen med saker och ting. Det är då man frågar sig själv: ¿Varför fortsätta?

Efter en smärtsam tid fann jag mitt svar, precis som du en gång fann ditt svar.

Min reaktion var att jag var tvungen att lära mig något, livet ville lära mig något.

Precis som han lär ut det till dig.

Under resans gång har jag också lärt mig att se misslyckanden som möjligheter att lära. I stället för att skylla på andra eller på omständigheterna har jag tagit ansvar för mina egna beslut och lärt mig av mina misstag.

Denna mentalitet har gjort det möjligt för mig att växa som person och som entreprenör.

Som entreprenör kommer det alltid att finnas professionella och personliga hinder och misslyckanden på vägen mot framgång.

Men om vi lär oss att se varje utmaning som en möjlighet att växa och bli bättre, kan vi övervinna alla hinder och nå våra mest ambitiösa mål.

I min erfarenhet som entreprenör har jag lärt mig att varje hinder och misslyckande är en möjlighet att växa och bli bättre. Den verkliga nyckeln till framgång är förmågan att studsa tillbaka och fortsätta när det gäller entreprenörskap.

Hinder och misslyckanden är oundvikliga, men det viktiga är hur vi möter dem och hur vi övervinner dem.

Den första strategin jag rekommenderar är att behålla en positiv, lösningsfokuserad attityd.

I stället för att beklaga sig över ett hinder eller ett misslyckande är det viktigt att fokusera på att hitta en lösning. Det innebär att vara kreativ och flexibel, att vara beredd att överväga alternativ och att ta djärva och riskfyllda steg.

Den andra strategin är att söka stöd. Som entreprenörer känner vi oss ofta ensamma och isolerade.

Men det är viktigt att komma ihåg att vi inte är ensamma och att det finns många människor som är villiga att hjälpa oss. Det kan handla om mentorer, andra entreprenörer, vänner och familj.

Det känslomässiga och praktiska stödet från dessa människor kan vara en ovärderlig källa till inspiration och motivation.

Den tredje strategin är att lära sig av sina misstag.

Vi gör alla misstag, men det viktiga är att lära sig av dem och använda dem för att växa och bli bättre. Det handlar om att reflektera över vad som gick fel, analysera de bakomliggande orsakerna och fundera på hur liknande misstag kan undvikas i framtiden.

Dessutom är det viktigt att komma ihåg att ett misslyckande inte är världens undergång. Många framgångsrika entreprenörer har upplevt betydande misslyckanden på vägen till framgång.

Det viktiga är att inte låta ett misslyckande avskräcka dig eller hindra dig från att gå vidare. Använd i stället misslyckanden som en möjlighet att lära dig, växa och bli bättre.

Att övervinna hinder och misslyckanden är en grundläggande aspekt av entreprenörsresan. Men med rätt inställning, rätt stöd och förmågan att lära sig av sina misstag kan man övervinna alla utmaningar och nå den framgång man förtjänar.

Man måste komma ihåg att det inte är en enkel eller snabb process att övervinna hinder och misslyckanden. Det kräver uthållighet, uthållighet, tålamod och ett tankesätt som är inriktat på ständig tillväxt och lärande.

Det är viktigt att vara villig att göra förändringar, experimentera med nya idéer och ta ett steg ut ur komfortzonen för att möta utmaningar och vända dem till möjligheter för tillväxt och framgång.

Under min tid som entreprenör har jag stött på flera hinder och misslyckanden längs vägen. Vid ett tillfälle lanserade jag en produkt som inte blev så framgångsrik som jag hade förväntat mig och jag var tvungen att inse att den inte fungerade.

I det läget kunde jag ha låtit mig överväldigas av misslyckandet och övergett projektet helt och hållet. Men jag valde att se det ur ett annat perspektiv och använda misslyckandet som en möjlighet att lära mig mer och bli bättre.

Jag analyserade vad som inte hade fungerat och vidtog åtgärder för att rätta till det, bland annat genom att justera produkten och förbättra min marknadsföringsstrategi.

Processen var inte lätt, men genom uthållighet och fokus på ständig tillväxt och förbättring lyckades jag övervinna hindret och vända det till en möjlighet att förbättra min verksamhet.

Jag lärde mig att misslyckanden inte är slutet, utan bara en del av vägen till framgång. Kom ihåg att varje hinder och misslyckande är en möjlighet att lära sig och växa, och att vi med rätt inställning kan övervinna alla utmaningar som kommer i vår väg.

Sammanfattningsvis är det grundläggande att övervinna hinder och misslyckanden på vägen mot entreprenörskap. Genom uthållighet, tålamod och ett tankesätt som fokuserar på ständig tillväxt kan vi möta alla utmaningar och vända dem till en möjlighet att lära och förbättra oss.

Det är nödvändigt att komma ihåg att misslyckanden inte är slutet, utan helt enkelt en del av vägen till framgång och att vi med rätt attityd kan övervinna alla hinder som kommer i vår väg.

*¿Vill du ha något?*
*"Gå då och se till att det händer, för det enda som faller från himlen är regn."*

## 13.
## TIPS OCH REKOMMENDATIONER FÖR ATT LYCKAS I AFFÄRER OCH I LIVET

Efter att ha gått igenom olika utmaningar och lärt mig värdefulla saker på vägen kan jag säga att dessa tips har varit avgörande för mig.

Först och främst vill jag påminna er om vikten av att ha en positiv och uthållig attityd. Som entreprenörer måste vi vara beredda att möta ständiga utmaningar, men vi måste se dem som möjligheter att växa och lära oss.

Uthållighet är nyckeln, eftersom vi aldrig vet hur lång tid det tar att uppnå våra mål, och vi måste vara villiga att fortsätta även när saker och ting verkar svåra.

Ett annat tips jag vill dela med mig av är att omge sig med ett starkt team. Vi kan inte göra allt själva, och för att lyckas behöver vi människor som delar vår vision och är villiga att arbeta hårt för att uppnå den.

Det är viktigt att se till att vårt team har färdigheter och kunskaper som kompletterar våra egna, så att vi tillsammans kan ta itu med alla utmaningar som uppstår.

När det gäller balansen mellan arbete och privatliv är det viktigt att komma ihåg att framgång inte är allt. Vi måste ägna tid och energi åt våra personliga relationer, hobbies och aktiviteter som vi brinner för.

Även om det är sant att hårt arbete och engagemang är nödvändigt för att uppnå våra affärsmål, är det också nödvändigt att upprätthålla ett balanserat liv för att njuta av vägen till framgång.

När det gäller affärsrekommendationer anser jag att det är viktigt att ha en tydlig och detaljerad affärsplan. Det kommer att hjälpa oss att hålla fokus och följa en tydlig väg mot våra mål.

Dessutom måste vi vara medvetna om de senaste trenderna och teknikerna inom vårt område och vara villiga att anpassa oss och förändras vid behov.

Slutligen reflekterar jag över behovet av stark affärsetik och socialt ansvar. Som entreprenörer har vi ett stort ansvar för att påverka våra samhällen och världen i stort på ett positivt sätt. .

Vi måste se till att vi fattar beslut som är i linje med våra värderingar och som bidrar till människors och planetens välbefinnande.

Att vara en framgångsrik entreprenör handlar inte bara om att ha en innovativ idé och att arbeta hårt, utan också om att hitta rätt balans mellan privatliv och yrkesliv, att upprätthålla en stark affärsetik och att alltid vara villig att lära sig och förbättra sig.

Här är några tips och rekommendationer som hjälper dig på vägen till framgång i affärer och i livet:

### Ha ett öppet sinne och lär dig alltid något nytt:

Affärsvärlden utvecklas ständigt och tekniken går snabbt framåt. Därför måste du alltid vara beredd att lära dig nya saker och anpassa dig till förändringar. Leta efter nya möjligheter att växa och bli bättre.

### Ha en tydlig vision:

Innan du startar ett företag är det viktigt att ha en tydlig vision och definiera dina mål. Tänk på att din vision kan utvecklas över tid, men att ha en tydlig riktning hjälper dig att hålla kursen mot dina mål.

### Bygg ett starkt team:

Ett företags framgång beror till stor del på de människor som arbetar i det. Ta dig tid att välja ut de bästa kandidaterna och skapa ett team som är engagerat i dina mål.

### Upprätthålla en balans mellan privatliv och arbetsliv:

Att vara en framgångsrik entreprenör innebär inte att man måste offra sitt privatliv. Det är viktigt att hitta rätt balans mellan arbete och fritid för att upprätthålla ditt fysiska och känslomässiga välbefinnande.

### Var etisk i dina affärsmetoder:

Affärsetik och socialt ansvar är grundläggande för alla företags långsiktiga framgång. Se till att dina metoder ligger i linje med dina personliga värderingar och bidrar till samhällets och miljöns välbefinnande.

### Var inte rädd för att misslyckas:

Misslyckanden är en oundviklig del av vägen till framgång. Istället för att frukta misslyckanden, se varje misslyckande som en möjlighet att lära och växa. Lär dig av dina misstag, omvärdera dina strategier och gå vidare med större beslutsamhet.

***Fira dina framgångar:***

Var noga med att fira dina prestationer och framgångar på vägen mot framgång. Erkänn och tacka de personer som hjälpte dig att nå dit och ta en stund för att njuta av framgången innan du går vidare till nästa mål.

*"Livet handlar inte om att hitta sig själv, utan om att skapa sig själv."*

# 14.
# FÖRSÄLJNING

Jag lämnade det här kapitlet till slutet, inte för att det var det minst viktiga, jag gjorde det just för att det är det viktigaste och en del av utmaningen är att komma till slutet.

*"Vi är alla försäljare; tills vi måste sälja hundbajs till en främling på gatan."*

Det här var ett av de prov jag var tvungen att klara för att utveckla mina färdigheter som säljare när jag försökte få jobb på banken.

Själv anser jag mig vara en bra säljare och det beror inte på arrogans eller att jag känner mig mer än andra människor, utan på erfarenhet, tålamod och ödmjukhet att lära sig, och även på att jag hade den bästa läraren.
Min gamle far...

När jag var tonåring sålde jag bananer med min pappa i en vagn och jag förstod tidigt att försäljning inte handlade om en produkt eller en tjänst, utan om att sälja dig själv, skapa en affinitet och ett förtroende så att den andra personen kände sig bekväm med dig och litade på dig.

**Min gubbes trick var enkelt....**

Han sålde ingenting till dig, han skapade helt enkelt ett behov utan att säga ett ord. Det var hans sätt att röra sig, hans sätt att närma sig dig, som skapade det förtroendet.

Många gånger såg jag honom komma till butikerna med tio eller femton kilo bananer och lägga dem på disken utan att säga ett ord.

Butiksinnehavaren av cerebral tröghet hans svar automatiskt var:
*Jag har inga pengar...*

Och min pappa med ett leende på läpparna skulle säga:
*I morgon betalar du mig...*

Det skapade omedelbart ett behov.

Att se det gjorde mig alltid häpen.

För jag förstod inte hur det var möjligt att utan ord få någon annan att köpa något som de inte behövde.

Det var då jag förstod att försäljning inte handlar om produkter eller tjänster, utan om att sälja dig som person, din essens, dina rädslor, hur människor ser på dig.

I det här sista kapitlet vill jag dela med mig av några strategier och knep som kan hjälpa dig att utveckla dessa färdigheter, varav några bygger på personliga erfarenheter som jag har gjort under min lärlingstid.

Och det är inte för att sälja dina produkter eller tjänster, utan för att sälja dig själv och bygga upp ett förtroende hos personen på andra sidan bordet.

Dessutom kommer jag att dela med mig av min mest intima hemlighet, det som har hjälpt mig att uppnå allt jag har föresatt mig att göra. Och det är framgångens hemlighet, och jag kommer att avslöja den för dig i det sista stycket i detta kapitel, så låt oss komma igång.

*"Varje sekund säljer vi utan att vi vet om det."*

Detta är det största misstaget vi alltid gör. Många människor vet inte om det, och det är att varje sekund som går säljer vi oss själva. Hemma, på jobbet, med din familj, med dina vänner, med dina kollegor, med dina kunder, varje sekund som går säljer vi oss själva.

Varje gång du interagerar med någon, vare sig det är en bekant eller en främling, säljer du dig själv och det är inte så att du vill sälja dem något, det är din essens som interagerar med den andra parten och det är vad den andra parten kommer att ta ifrån dig.

Som jag sa handlar det inte om att sälja produkter eller tjänster. Det handlar om att vara den bästa versionen av sig själv och det gör man genom att sälja sig själv.

Den personliga presentationen är en av nycklarna till att sälja sig själv, sin produkt eller tjänst. Det sätt på vilket du presenterar dig själv kan ha stor inverkan på hur andra uppfattar dig.

Se därför alltid till att du har ett professionellt och rent utseende samt en positiv och självsäker attityd.

## ¡Lyssna!

Det viktigaste knepet eller nyckeln, och många kommer att hålla med mig, är att lyssna. När du lyssnar har du världen för dina fötter.

Aktivt lyssnande är nyckeln till framgångsrik försäljning till dina potentiella kunder. Var uppmärksam på deras behov och invändningar och erbjud personliga lösningar.

Visa empati och visa att du förstår deras oro. Genom att vara uppmärksam på vad kunden säger kan du förstå dem bättre.

Dessutom kommer kunden att känna sig uppskattad och lyssnad på, vilket kan förbättra den känslomässiga kopplingen och därmed öka sannolikheten för att de kommer att köpa från dig.

Jag minns min första vecka som aktiemäklare, vi hade fem dagar på oss att sälja en produkt, i det här fallet aktier. Det var redan fredag, den sista dagen, klockan 16.00 på eftermiddagen, alla mina kollegor hade lyckats sälja utom jag.

Jag ska inte förneka att jag var lite rädd eftersom jag var på väg att förlora den möjlighet jag alltid hade drömt om, och det var den katalysator som fick mig att fokusera igen, rädsla.

Det var min dröm och jag var på väg att förlora den för att jag inte var fokuserad, så jag tog några sekunder för att reflektera internt och fokusera på vad jag behövde göra för att nå mitt mål. Jag minns att jag fick höra att det här var mitt sista samtal, min sista chans.

Så med en massa positivitet och en massa entusiasm började jag prata med personen i andra änden av telefonen, jag presenterade mig professionellt och jag minns att jag sa till honom:

*¿Vad letar du efter? ....*

Inget mer.

I stället för att presentera en tjänst, en produkt eller berätta ett manus för honom lät jag honom presentera sig själv för mig, jag lät honom prata och jag lyssnade på honom. Den här personen öppnade sig för mig som en blomma, jag kunde förstå honom och det var just lyssnandet som inte bara räddade dagen utan också min karriär, som just hade börjat.

Jag minns att en person berättade för mig att han ville köpa aktier till ett värde av 100 000 USD och att det dåvarande rekordet var 32 000 USD.

Jag var så uppprymd att jag bokstavligen föll baklänges av stolen, men med en kulas hastighet reste jag mig och vi började processen med att förvärva deras produkt.

De samtal som normalt varar 15-20 minuter, det här varade i 4 timmar. Vi avslutade nästan klockan 20.00. Och den där känslan av att uppnå något, att nå sitt mål, att allt man kämpat för har förverkligats, den glömmer man aldrig, för det är hårt arbete, det är uppoffringar, men nyckeln var och kommer alltid att vara att **Lyssna**.

### ¡Känslor!

Emotionell anknytning är en viktig del av försäljningsprocessen. Kunderna är mer benägna att köpa om de känner sig känslomässigt knutna till den produkt eller tjänst som erbjuds. För att uppnå detta är det viktigt att känna kunden, förstå dennes behov och önskemål och anpassa erbjudandet därefter.

Känn din målgrupp och undersök deras behov, önskemål och problem för att skräddarsy ditt säljargument på ett effektivt sätt. Skapa ideala kundprofiler och anpassa ditt tillvägagångssätt för att maximera dina chanser att lyckas.

## ¡Invändningar!

Kunderna kan ha invändningar mot eller farhågor om den produkt eller tjänst som erbjuds. Att identifiera dessa invändningar och bemöta dem på ett effektivt sätt är avgörande för att slutföra försäljningen.

Om du lär dig att bemöta invändningar på ett övertygande och självsäkert sätt kan du öka sannolikheten för att kunden i slutändan köper.

Förutse vanliga invändningar som kan uppstå under försäljningsprocessen och vara beredd att övervinna dem. Lär dig hur du svarar på ett självsäkert och övertygande sätt genom att lyfta fram fördelarna och ge konkreta bevis.

Försäljning handlar inte bara om att erbjuda en produkt eller tjänst, utan också om att övertyga kunden om att köpa den.

Genom att använda psykologiska säljstrategier och knep, som personlig presentation, aktivt lyssnande, känslomässig kontakt, övertalningstekniker och invändningslösning, kan försäljningseffektiviteten förbättras avsevärt.

Några månader senare, med mer erfarenhet, med mer förståelse för var jag stod och vad jag var tvungen att göra. Jag minns ett annat samtal där, utan att jag presenterade mig.

Personen i andra änden av telefonluren sa till mig:
*Jag har inte tid.*

Och för några sekunder stelnade jag till.

Men jag svarade:
*¿Du har inte tid med vad?*

Och han sa till mig:
*Jag har inte tid med vad du nu kallar mig.*

Det var ett mycket friktionsfyllt samtal eftersom det var en typ av kund som du inte kan prata med och du låter dem inte arbeta.

Sarkastiskt sa jag:
*Tänk om jag ringer för att berätta att du har ett godkännande på 5 miljoner dollar med din bank.*
*¿Skulle du fortfarande inte ha tid att prata med mig?*

Och vi var båda tysta i ungefär 5 sekunder.

Och han svarade mig:
*Du har 30 sekunder på dig att tala.*

Jag förklarade snabbt hans process och avslutade med en bekräftelse:
*¿Du accepterar det, eller hur?*

Och han sa till mig..:
*¡Ja!*

Vi sa adjö, jag önskade honom all lycka och framgång och vi lade på luren. Jag tror att det var ett av de kortaste samtal jag haft när jag var mäklare, men det var intressant hur jag med några få ord kunde vända hans invändningar till en möjlighet.

*¡Övertalning!*

Övertalning är en viktig del av försäljningen. Några övertalningstekniker inkluderar:

**Skapa ett unikt värdeerbjudande:**

Lyft fram dina styrkor och differentiera dig från konkurrenterna. Skapa ett unikt värdeerbjudande som visar hur din produkt eller tjänst kan lösa problem och ge mervärde till dina kunder. Kommunicera fördelarna tydligt och visa varför de ska välja just dig.

**Knapphet:**

Få kunden att känna att produkten eller tjänsten är begränsad eller sällsynt, vilket gör den mer åtråvärd.

**Sociala bevis:**

Det är ett kraftfullt säljverktyg. Det innehåller vittnesmål, recensioner och framgångshistorier från nöjda kunder för att bygga upp förtroende och trovärdighet för att backa upp erbjudandet. Social validering är ett effektivt sätt att övertyga nya kunder att vidta åtgärder.

**Myndighet:**

Du måste få den andra parten att tro att det inte finns någon annan person i världen som vet mer om det ämne du presenterar än du gör.

Det är viktigt att den andra parten känner sig trygg med dig, för medan du pratar är det enda deras hjärna undrar varför jag ska lita på den här killen och varför jag ska ge honom mina pengar.

Det här är alla knep, nycklar och strategier som för mig är viktigast när jag säljer, jag vet att de varierar från person till person, från företag till företag, eftersom de har olika strategier för att uppnå försäljning, men i teorin skulle detta vara grunden för att lyckas sälja något, särskilt till dig.

*Och som utlovat ska jag avslöja hemligheten bakom framgång för dig.*

Det finns ett ord som många förbiser och som för mig är det viktigaste ordet i världen, och det är ordet **Hunger**.

Och jag pratar inte om mat, jag vet att du förstår mig. Det är anledningen till att vi går upp varje dag, för att vilja ha ett bättre liv, för att uppnå ett mål, för att alltid vilja ha mer, **Hunger**.

Vissa kallar hemligheten bakom framgång för uthållighet, uthållighet, fokus, engagemang.

Den har många vackra ord, och de är alla bra, det finns inget rätt eller fel svar, men under hela mitt liv har jag förstått att hemligheten bakom framgång är enklare än alla dessa vackra ord och jag sammanfattade den i en mening, och det är den:

*"Ta dig ur den där knullsängen,
och få saker att hända."*

## SLUTSATSER

¡Nu har du gjort det! Du har kommit till slutet av den här boken och jag hoppas att du har hittat den inspiration och motivation som du behöver för att lyckas i affärer och i livet.

På dessa sidor har jag bland annat diskuterat vikten av planering, uthållighet, kreativitet, innovation, ekonomisk förvaltning, effektiv kommunikation, teknik och affärsetik.

Men framför allt har jag alltid velat förmedla min egen erfarenhet och de lärdomar jag har dragit på vägen till er.

Det råder ingen tvekan om att vägen till entreprenörskap inte är lätt, och att vi kommer att möta hinder och misslyckanden, men vi kan alltid hitta ett sätt att övervinna dem.

I själva verket tror jag att misslyckanden är en möjlighet att växa och lära sig av sina misstag, att försöka igen och att lyckas i nästa försök.

Kom ihåg att alltid upprätthålla en balans mellan ditt privatliv och ditt yrkesliv, och glöm inte att framgång inte bara handlar om att tjäna pengar, utan om att finna tillfredsställelse och lycka i det du gör.

Jag lämnar dig med dessa sista råd: var modig och uthållig, ge aldrig upp i din strävan efter framgång, var kreativ och innovativ, håll fast vid dina värderingar och affärsetik och kom alltid ihåg att vägen till entreprenörskap är ett spännande äventyr.

*¡Ha en trevlig resa!*

I den här boken har han försökt att ta upp några av de mest väsentliga och relevanta ämnena för entreprenörer som vill nå framgång i sin verksamhet och i sina liv.

Jag har talat om att ha en positiv inställning, att sätta upp tydliga och uppnåeliga mål, att ha en bra affärsplan och att fatta kloka och strategiska beslut.

Jag har också talat om kreativitet, anpassningsförmåga och uthållighet när det gäller att uppnå mål. På så sätt har jag delat med mig av några av de motgångar och utmaningar som jag har varit tvungen att övervinna på min egen väg till framgång som företagare.

Dessutom har jag tagit upp viktiga frågor som finansiell förvaltning, personalförvaltning, effektiv kommunikation och affärsetik, som är väsentliga för alla företag som vill vara framgångsrika på lång sikt i en alltmer konkurrensutsatt och krävande värld.

Slutligen, på dessa sista sidor, vill jag upprepa vikten av att behålla en positiv inställning och ett tydligt fokus på långsiktiga mål.

Jag vill också betona att det är viktigt att upprätthålla en sund balans mellan privatliv och yrkesliv, eftersom detta kan vara nyckeln till fortsatt framgång och lycka i livet.

Som entreprenör kommer det alltid att finnas hinder och utmaningar på vägen mot framgång. Men med uthållighet, hängivenhet och ett strategiskt tillvägagångssätt kan du övervinna alla motgångar och uppnå stora saker.

Jag vill avsluta den här boken med följande reflektion: Sluta aldrig att lära dig och växa som person och som entreprenör. Håll ditt sinne öppet och leta hela tiden efter nya möjligheter att förbättra dig och växa. Om du håller dig fokuserad och engagerad kan framgång och lycka bli din.

Jag hoppas att du har haft nytta av den på din väg mot framgång i affärer och i livet.

*¡Jag önskar dig all lycka!*

Och kom ihåg...

*Allt du behöver är... ¡Hunger av Framgång!*

## OM FÖRFATTAREN

**Jack Daniels Chavarria**, känd som **Nelo**, är VD och grundare av Latinamerikas största holdingbolag för teknikinnovation, **Nelo Group**. Han är född i Colombia och kommer från en liten stad som heter Yarumal, belägen på landsbygden i departementet Antioquia. Redan i tidig ålder lärde han sig vikten av att övervinna motgångar och drömma stort, motiverad av de motgångar och utmaningar han mötte under sin barndom och tonårstid. Trots att han inte hade möjlighet till högre utbildning har han alltid utmärkt sig för sin stora kreativitet och entreprenörsanda.

Från en ung ålder blev författaren intresserad av aktiemarknaderna och lärde sig empiriskt att investera och hantera sina egna pengar. Med tiden blev han expert på detta område och lyckades göra betydande vinster tack vare sin vision och färdigheter.

Trots de svårigheter han mötte på vägen förlorade författaren aldrig sin passion för affärer och letade alltid efter nya möjligheter att växa och förbättra sig. Hans entreprenörsanda ledde till att han grundade flera framgångsrika företag inom olika sektorer, vilket gjorde att han fick omfattande erfarenhet av affärsvärlden och blev en referens inom sitt område.

Med denna bok vill författaren dela med sig av sina kunskaper och erfarenheter till andra entreprenörer och affärsmän för att inspirera dem och hjälpa dem att nå framgång.

www.ingramcontent.com/pod-product-compliance
Lightning Source LLC
Chambersburg PA
CBHW050305230526
45471CB00005B/2031